MUSIKALISCHE SPÄSSE
28 leichte Klavierstücke für Kinder

MUSICAL JOKES
28 Easy Piano Pieces for Children

PLAISANTERIES MUSICALES
28 morceaux faciles pour piano à l'usage des enfants

Herausgegeben von / Edited by / Edité par
Monika Twelsiek

Mit Illustrationen von / Illustrations by / Illustrations de
Leopé

ED 20323
ISMN 979-0-001-15054-5

Mainz · London · Berlin · Madrid · New York · Paris · Prague · Tokyo · Toronto
© 2009 SCHOTT MUSIC GmbH & Co. KG, Mainz · Printed in Germany

Liebe Klavierspielerin, lieber Klavierspieler,

lachst du gern? Macht es dir Spaß, Witze oder lustige Ereignisse zu erzählen?
Gibt es Witze und Späße auch in der Musik? – Und was ist das eigentlich, worüber wir
lachen?

Manchmal ist es schon der Titel des Stücks, der uns zum Lachen bringt, wie in „Zwei plap-
pernde Tanten" oder das plötzliche Hin- und Her Springen zwischen „lustig" und „traurig"
in den „Clowns". Man sieht sie fast aus unserem BILDERKLAVIER herauskommen und
Purzelbäume schlagen.

Es gibt Zirkusnummern in den Stücken: tollkühne Sprünge wie in der „Musette", interes-
sante Bewegungen wie das Glissando-Schmieren des „Butterbrots", das Übergreifen der
Hände im „Flohwalzer" oder ein halsbrecherisches Tempo.

Wir lachen über komische Überraschungen: eine plötzliche Pause, ein lauter frecher Klang
in einem braven leisen Stück oder eine traurige Melodie, wo man eine lustige erwartet, ein
Schluss, wenn man denkt, dass das Stück noch lange nicht zu Ende ist.

Zu manchen Stücken kann man auch eine eigene witzige Geschichte erfinden.

Viel Spaß mit den musikalischen Späßen wünscht
Monika Twelsiek

Bestellnummer: ED 20323
ISMN 979-0-001-15054-5
ISBN 978-3-7957-5875-2

Coverillustration und Seriengestaltung: Leopé
© 2009 Schott Music GmbH & Co. KG, Mainz
Printed in Germany · BSS 52735

Dear Pianist,

Do you like laughing? Do you enjoy telling jokes or funny stories? Can music tell jokes, too? What really makes us laugh?

Sometimes even the title of a piece can make us laugh, as in "Two Funny Aunties Quarreling", or the sudden jumping to and fro between "jolly" and "sad" in "Clowns": you can almost see them climbing out of our PIANO PICTURES and turning somersaults.

There are circus feats among these pieces, too: the bold leaps in "Musette", interesting moves like the glissando slide of butter in "Bread And Butter", crossing hands in the "Flea waltz" or playing at breakneck speed.

We laugh at comical surprises: a sudden pause, a loud and cheeky noise in a nice quiet piece, a sad melody where we were expecting a jolly one – or coming to the end when you thought the piece hadn't nearly finished.

You can invent your own funny stories to go with some of the pieces, too.

Have fun with these musical jokes!
Monika Twelsiek

Chère pianiste, cher pianiste,

Aimes-tu rire? Aimes-tu raconter des blagues ou des choses rigolotes?
Y a-t-il des blagues et des plaisanteries aussi dans la musique? – Et qu'est-ce que c'est qui nous fait rire?

Parfois, c'est déjà le titre du morceau qui nous fait rire, comme dans les *Deux drôles de tantes se disputant* ou les sautes brusques entre « joie » et « tristesse » dans les *Clowns*. On croit presque les voir sortir d'un bond de notre *PIANO À IMAGES* et faire des culbutes.

Il y a des numéros de cirque dans ces morceaux : des sauts périlleux dans la *Musette* par exemple, des mouvements intéressants dans la préparation *glissando* de la *Tartine beurrée*, le croisement des mains dans la *Valse de puce*, ou un tempo téméraire.

Nous rions de surprises comiques : une pause soudaine, un son bruyant et impertinent dans un morceau sage et calme, ou une mélodie triste alors que l'on s'attend à une mélodie gaie, une fin qui vient alors que l'on croyait que le morceau n'était pas prêt de finir.

Il est possible aussi d'inventer soi-même des histoires amusantes sur certains morceaux.

Amusez-vous bien avec les *Plaisanteries musicales*.
Monika Twelsiek

Inhalt / Contents / Contenu

Musette
D-Dur / D major / Ré majeur
BWV Anh. 126

Anonymus

© 2009 Schott Music GmbH & Co. KG, Mainz
aus / from: Clavierbüchlein der Anna Magdalena Bach, Schott ED 2698

Da Capo al Fine

L'Arlequine
Harlekin / Harlequin

François Couperin
1668-1733

Grotesquement

Bourlesq
Burleske / Burlesque

Leopold Mozart
1719-1787

sempre staccato

Fine

Da Capo al Fine

Scherzo

Joseph Haydn
1732-1809

Das Butterbrot
Bread and Butter / La tartine beurrée

W. A. Mozart zugeschrieben
1756-1791

*) Das Glissando nach oben wird mit dem zweiten Finger gespielt, das Glissando nach unten mit dem Daumen.
Alle Glissandi beginnen nach der zweiten Zählzeit.

Komischer Ländler

Humourous Ländler / Ländler comique
h-Moll / B minor / Si mineur

Franz Schubert
1797-1828

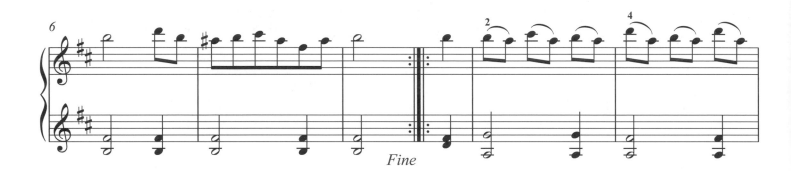

Fine

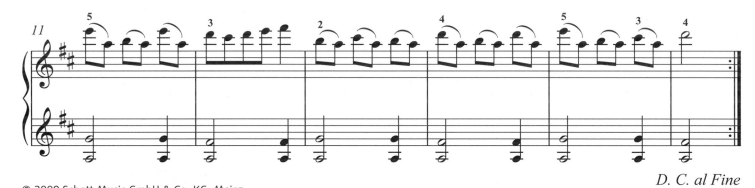

D. C. al Fine

aus / from: F. Schubert, 4 komische Ländler / 4 Humourous Ländlers, D 354

Fröhlicher Landmann, von der Arbeit zurückkehrend
The Merry Peasant, Returning from Work
Le gai laboureur rentrant du travail

Robert Schumann
1810-1856

aus / from: R. Schumann, Album für die Jugend / Album for the Young op. 68, Schott ED 9010

13

Clowns und Bodenakrobaten

Clowns and Tumblers / Clowns et acrobats

Con moto scherzando

Stephen Heller
1813–1888

Der kleine Schelm
The Little Rascal / Le petit bouffon

Cornelius Gurlitt
1820-1901

16

Polka

Peter I. Tschaikowsky
1840-1893

Tempo di Polka

aus / from: P. Tschaikowsky, Album für die Jugend / Album for the Young op. 39

17

Im Zirkus
In Circus / Dans le cirque

Paul Zilcher
1855-1943

aus / from: P. Zilcher, Die erste Zeit am Klavier, Schott ED 408

The Little Negro

Le petit nègre

Claude Debussy
1862-1918

Der Spaßvogel
The Joker / Le blagueur

Alexander Gretchaninoff
1864–1956

Pinocchio

Ettore Pozzoli
1873-1957

Allegretto molto moderato

aus / from: E. Pozzoli, Pinocchio - Piccola suite per pianoforte

Scherz
Joke / Plaisanterie

Béla Bartók
1881-1945

Galop final

Alfredo Casella
1883-1947

aus / from: A. Casella, Pezzi infantili / Kinderstücke / Children's Pieces

28

Marsch
March / Marche

Sergej Prokofjew
1891-1953

Scherz
Joke / Plaisanterie

Wassili Seliwanow
1892-1946

Vivo e leggero

Dorfmusikanten
The School Band
La fanfare du village

Jenö Takács
1902-2005

Tempo di Marcia

19

um fa, um fa

f *f robusto*

aus / from: Für mich – For me. Kleine Vortragsstücke / Little Recital Pieces, op. 76

Juchee-juchee

Whoopee / Youpi

István Szelényi
1904-1972

Zwei plappernde Tanten
Two Funny Aunties Quarrelling
Deux drôles de tantes se disputant

Aram Chatschaturjan
1903-1978

Clowns

Dimitri Kabalewski
1904-1987

Polka

Mátyás Seiber
1905-1960

aus / from: M. Seiber, Leichte Tänze Bd. 2 / Easy Dances Vol. 2, Schott ED 2546

Marsch
March / Marche

Dimitri Schostakowitsch
1906-1975

Im Marschtempo

Hampelmann
Jumping Jack / Pantin

Friedrich Radermacher
* 1924

Der Purzelbaumkönig

The Somersault King / Le roi des galipettes

Mike Schoenmehl
*1957

*) Left hand ad lib. / Linke Hand dazu ad lib.

aus / from: M. Schoenmehl, Little Stories in Jazz, Schott ED 7186

Rumpel - Pumpel - Pimpel

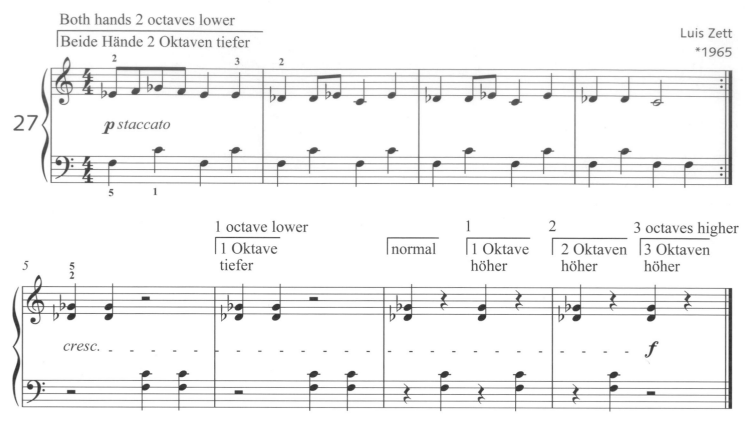

Luis Zett
*1965

Flohwalzer
Flea Waltz / Valse de puce

Anonymus

left hand over right one
linke Hand über die rechte

rit.

Schott Music, Mainz 52 735

Mein(e) Lieblingsstück(e) /
My favourite piece(s) /
Mon/mes morceau(x) préféré(s) :

_____

_____

_____

_____

_____

Ein lustiges Ereignis (Foto oder gemalt):

A funny picture (photo or painting):

Un événement amusant (en photo ou dessiné) :